Finanzwirtschaft. Prüfung eines Investitionsvorhabens durch eine Aktiengesellschaft

Bibliografische Information der Deutschen Nationalbibliothek:

Die Deutsche Nationalbibliothek verzeichnet diese Publikation in der Deutschen Nationalbibliografie; detaillierte bibliografische Daten sind im Internet über http://dnb.d-nb.de abrufbar.

ISBN: 9783346727473
Dieses Buch ist auch als E-Book erhältlich.

© GRIN Publishing GmbH
Nymphenburger Straße 86
80636 München

Druck und Bindung: Books on Demand GmbH, Norderstedt Germany
Gedruckt auf säurefreiem Papier aus verantwortungsvollen Quellen

Das vorliegende Werk wurde sorgfältig erarbeitet. Dennoch übernehmen Autoren und Verlag für die Richtigkeit von Angaben, Hinweisen, Links und Ratschlägen sowie eventuelle Druckfehler keine Haftung.

Das Buch bei GRIN: https://www.grin.com/document/1247849

Einsendeaufgabe

SRH Fernhochschule

Studiengang: Betriebswirtschaft (B.A.)

Modul: Finanzwirtschaft

Alternativ C

Datum: 21.03.2022

Inhaltsverzeichnis

Abkürzungsverzeichnis

Abb.	Abbildung
Abk.	Abkürzung
Bsp.	Beispiel
Bspw.	Beispielsweise
Bzgl.	Bezüglich
Bzw.	Beziehungsweise
Ca.	Circa
Ect.	Et cetera (übersetzt: und die übrigen)
Sog.	Sogenannten
U. a.	Unter anderem
Z. B.	Zum Beispiel

Abbildungsverzeichnis

Aufgabe C1

Der Kapitalwert ist die Summe der Barwerte aller Ein- und Auszahlungen einer Investition. Einzahlungen stellen die liquiden Mittel in Form von Bargeld und verfügbarem Sichtgutgaben dar, während Auszahlungen den Abfluss von liquiden Mitteln darstellen.[1] Der Kapitalwert kann entweder positiv oder negativ sein. Bei einem negativen Kapitalwert ist von einer Investition abzuraten. Eine Investition ist dann vorteilhaft, wenn ihr Kapitalwert positiv ist.[2] Zu Beginn des Investitionsprojekts wird ein festgelegter Kalkulationszinssatz auf den Anfangszeitpunkt abgezinst. Der Restbetrag, welcher sich nach vollständiger Abzinsung ergibt, entspricht dem Kapitalwert.[3] Der Barwert wird durch die Ein- und Auszahlungen, sowie deren zeitlicher Struktur und dem verwendeten Zinssatz gekennzeichnet. Er beschreibt den Wert einer zukünftigen Zahlung zum initialen Zeitpunkt eines Betrachtungszeitraumes.[4]

Nachfolgend wird die Kapitalwertmethode am Beispiel eines Investitionsvorhabens einer Aktiengesellschaft durchgeführt. Hierbei werden folgende Planungswerte mit einbezogen:

Anschaffungsauszahlung per 31.12.21: 5.000.000 €

Kalkulationszinssatz: 5,0 %

Auszahlungen 2022: 1.100.000 €   Einzahlungen 2022: 2.500.000 €
Auszahlungen 2023: 1.200.000 €   Einzahlungen 2023: 2.800.000 €
Auszahlungen 2024: 1.400.000 €   Einzahlungen 2024: 3.200.000 €
Auszahlungen 2025: 1.500.000 €   Einzahlungen 2025: 3.500.000 €

$$\text{Kapitalwert} = -5.000.000\ € + \frac{2.500.000\ € - 1.100.000\ €}{1,05} + \frac{2.800.000\ € - 1.200.000\ €}{(1,05)^2} +$$

$$\frac{3.200.000\ € - 1.400.000\ €}{(1,05)^3} + \frac{3.500.000\ € - 1.500.000\ €}{(1,05)^4}$$

---

[1] Vgl. Hölscher, R., Helms, N. (2018) S.4
[2] Vgl. Schempf, T. (2021b) S.33
[3] Vgl. Schuster, T., Rüdt von Collenberg, L. (2017) S.47-48
[4] Vgl. Schempf, T. (2021b) S.32

Kapitalwert = - 5.000.000 € + 1.333.333,33 € + 1.451.247,17 +

1.554.907,67 € + 1.645.404,95 €

Kapitalwert = 984.893,12 €

Das berechnete Investitionsvorhaben ist unter der Annahme eines einheitlichen Kalkulationszinssatzes von 5,0 % vorteilhaft, da dieses einen positiven Kapitalwert von + 984.893,12 € aufweist. Ein positiver Kapitalwert bedeutet, dass sich die Investition für die Aktiengesellschaft rechnet. Des Weiteren würde die Aktiengesellschaft Zahlungsüberschüsse erwirtschaften, weshalb man in diesem Beispiel der Aktiengesellschaft raten kann, die Investition zu tätigen.[5]

Aufgabe C2

Da das Unternehmen die Einzahlungen aufgrund negativer Entwicklungen als nicht gesichert ansieht, soll der Kapitalwert mit einem Kalkulationszinssatz von 5,0 % und einem Risikozuschlag von 3,0 % neu ermittelt werden. Die Planungswerte der Ein- und Auszahlungen bleiben unverändert. Basierend auf diesen Werten ergibt sich die folgende Rechnung:

$$\text{Kapitalwert} = -5.000.000 \, € + \frac{2.500.000 \, €}{1,08} - \frac{1.100.000 \, €}{1,05} + \frac{2.800.000 \, €}{(1,08)^2} - \frac{1.200.000 \, €}{(1,05)^2}$$

$$+ \frac{3.200.000 \, €}{(1,08)^3} - \frac{3.400.000 \, €}{(1,05)^3} + \frac{3.500.000 \, €}{(1,08)^4} - \frac{1.500.000 \, €}{(1,05)^4}$$

Kapitalwert = - 5.000.000 € + 2.314.814,81 € - 1.047.619,05 € +

2.400.548,70 € - 1.088.435,37 € + 2.540.263,17 € -

1.209.372,64 € + 2.572.604,48 € - 1.234.053,71 €

Kapitalwert = 248.750,39 €

---

[5] Vgl. Schuster, T., Rüdt von Collenberg, L. (2017) S.48

Das berechnete Investitionsvorhaben ist auch bei einem gespalteten Kalkulationszinssatz von 5,0 % für Auszahlungen bzw. 8,0 % für Einzahlungen (Kalkulationszinssatz + Risikozuschlag) vorteilhaft. Der ermittelte Kapitalwert befindet sich mit 248.750,39 € im positiven Bereich, ist aber kleiner als der in Aufgabe 1 ermittelte Kapitalwert. Die Differenz der beiden Kapitalwerte lässt sich auf den Risikozuschlag für Einzahlungen (3,0 %) zurückführen. Es konnte festgestellt werden, dass je höher der Kalkulationszinssatz ist, desto niedriger ist der Kapitalwert.[6] Da der ermittelte Kapitalwert dieser Berechnung trotz des erhöhten Risikozuschlages positiv ist, bleibt die Investition finanziell attraktiv.

Aufgabe C3

Bei einer Kapitalerhöhung wird das Eigenkapital, durch die Ausgabe von Aktien, erhöht. Nach dem Aktiengesetz (AktG) gibt es vier Formen der Kapitalbeschaffung: (1) Ordentliche Kapitalerhöhung, (2) Bedingte Kapitalerhöhung, (3) Kapitalerhöhung aus genehmigtem Kapital und (4) Kapitalerhöhung aus Gesellschaftsmitteln.[7] Bei dieser Arbeit liegt der Schwerpunkt auf der Kapitalerhöhung aus genehmigtem Kapital.

Geregelt ist die Kapitalerhöhung aus genehmigtem Kapital in den §§ 202-206 AktG.[8] Entscheidungen über die Erhöhung des Grundkapitals werden nicht in der Hauptversammlung, sondern vom Vorstand einer Aktiengesellschaft, welcher dazu ermächtigt wird, getroffen. Der Beschluss der Hauptversammlung gibt lediglich einen Rahmen vor, innerhalb dessen der Vorstand mit Zustimmung des Aufsichtsrates das Grundkapital erhöhen darf.[9] Damit der Vorstand eine Kapitalerhöhung durchführen kann, bedarf es einer Satzungsregel, die entweder bereits in der Grundsatzung (§ 202 Abs. 1 AktG) enthalten ist oder nachträglich durch Satzungsänderung (§§ 179 ff. AktG) in die Satzung eingefügt wird. Die Hauptversammlung kann den Vorstand der Aktiengesellschaft für maximal fünf Jahre ermächtigen, das Grundkapital bis zu einem bestimmten Nennbetrag, dem genehmigten Kapital, durch Ausgabe neuer Aktien

---

[6] Vgl. Schempf, T. (2021a) S.35
[7] Vgl. Bösch, M. (2019) S.115-121
[8] Vgl. AktG (2021) § 202-206
[9] Vgl. Schempf, T. (2021a) S.30

gegen Einlagen zu erhöhen. Die Ermächtigung bedarf einer Kapitalmehrheit von mindestens 75 % des bei der Beschlussfassung vertretenen Grundkapitals, sowie nach § 133 Abs. 1 AktG der einfachen Stimmmehrheit.[10] Nach § 202 Abs. 2 AktG i. V. m. § 181 Abs. 3 AktG wird erst mit der Eintragung des Beschlusses in das Handelsregister, welches beim zuständigen Amtsgericht angesiedelt ist, die Ermächtigung wirksam. Dazu gehören auch Einzelheiten nach der Ausnutzung des genehmigten Kapitals und der eigentlichen Durchführung der Kapitalerhöhung.[11] Nach § 160 Abs. 1 Nr. 4 AktG erfordert der Beschluss ebenfalls eine Ausweisung der Angaben über die Kapitalerhöhung im Anhang des Jahresabschlusses,[12] damit der externe Bilanzleser anhand dieser Informationen erkennen kann, inwiefern der Vorstand der ihm eingeräumten Ermächtigung zur Kapitalerhöhung bereits von Gebrauch gemacht hat und wie viel ihm davon noch zur Verfügung steht. Zudem muss eine Kapitalerhöhung aus genehmigtem Kapital von einem Notar beurkundet werden. Der Nennbetrag der neu auszugebenden Aktien darf 50 % des bisherigen Grundkapitals nicht übersteigen. Zusammen mit dem Aufsichtsrat kann der Vorstand flexibel entscheiden, wann und in welcher Menge Aktien emittiert werden, bzw. ob neue Aktien überhaupt emittiert werden sollen. Bei Ausübung der Ermächtigung gelten die Vorschriften einer Kapitalerhöhung und damit die Notwendigkeit eines Bezugsrechts für Altaktionären.[13]

Aufgabe C4

Eine Anleihe (auch als Rentenpapier, Bond oder Obligation bezeichnet) ist ein zinstragendes Wertpapier mit mittel- oder langfristiger Laufzeit und dient als Mittel zur Fremdkapitalbeschaffung.[14] Dahinter steckt die Gewährung eines Kredits an ein Unternehmen (Unternehmensanleihe) oder an einen Staat (Staatsanleihe) mit fest vereinbarten Zinsen, welche das Unternehmen in bestimmten Zeitabschnitten dem

---

[10] Vgl. Stein, P. (2016) S.208 - 211
[11] Vgl. AktG (2021) § 181 + § 202
[12] Vgl. AktG (2021) § 160
[13] Vgl. Stein, P. (2016) S.208 - 211
[14] Vgl. Schuster, T., Uskova, M. (2015) S.4

Anleger zahlt. Grundlegende Merkmale einer Anleihe sind: (1) Emittent, (2) Fälligkeit, (3) Nominalwert, (4) Kupon und (5) Währung.[15]

In der vorliegenden Arbeit wird eine 4-jährige Unternehmensanleihe mit folgenden Konditionen ausgegeben:

Nominalzinssatz: 1,50 %
Ausgabekurs: 98,80 %
Rückzahlung: 100,00 %

Berechnung der Effektivverzinsung bzw. Rendite [R]:

$$R \quad = \quad \frac{Nominalverzinsung\ pro\ Jahr + Rückzahlungsgewinn/-verlust\ pro\ Jahr}{Eingesetztes\ Kapital} * 100$$

$$R \quad = \quad \frac{1,50\ \% + [(100,00\ \% - 98,80\ \%)\ /\ 4]}{98,80\ \%} * 100$$

$$R \quad = \quad \frac{1,50\ \% + 0,30\ \%}{98,80\ \%} * 100$$

$$R \quad = \quad 1,82\ \%$$

Die Unternehmensanleihe weist eine Effektivverzinsung bzw. Rendite von 1,82 % auf, welche die tatsächliche Rendite auf das aufgenommene Kapital darstellt. Da der Ausgabekurs niedriger als der Rückzahlungskurs ist, fällt die Effektivverzinsung höher als die Nominalverzinsung aus.[16]

Damit Unternehmensanleihen am Markt platziert werden können, müssen jedoch einige Voraussetzungen gegeben sein, welche das Unternehmen erfüllen muss. Das Platzieren von Anleihen am Markt erfolgt über ein öffentliches Angebot, wobei ein von der Bundesanstalt für Finanzdienstleistungsaufsicht (BaFin) genehmigtes Wertpapierprospekt notwendig ist. Erst nach deren Zulassung können

---

[15] Vgl. Mondello, E. (2017) S.405-409
[16] Vgl. Schempf, T. (2021a) S.52

8

Unternehmensanleihen an der Wertpapierbörse notiert und gehandelt werden.[17] Die Einzelheiten des Billigungsverfahrens des Wertpapierprospektes sind im Wertpapierprospektgesetz (WpPG) geregelt. Grundsätzlich müssen alle wesentlichen Angaben über den Emittenten und die angebotenen Wertpapiere enthalten sein, die für die Investitionsentscheidung des Anlegers erforderlich sind.[18] Für die Aufnahme von Anleihen müssen Unternehmen neben dem BaFin-geprüften Wertpapierprospekt, bei der Geschäftsleitung der Börse, noch weitere Unterlagen eingereicht werden. Hierzu gehören:

- Satzung des Unternehmens
- Aktueller Auszug aus dem Handelsregister
- Jahresabschluss des letzten Geschäftsjahres
- Zusammenfassende Darstellung des Prospektes
- Factsheet mit Angaben zum Emittenten und zum Wertpapier[19]

Im Vorfeld einer Kreditausreichung werden durch die Banken umfangreiche Prüfungen zur Bonität (Kreditwürdigkeit) des Kreditnehmers durchgeführt. Dies erfolgt im Rahmen eines so genannten Ratingprozesses bzw. Ratingverfahren. Dieses Rating zeigt die Höhe der Risiken auf, welche der Kreditgeber beim Kauf von Unternehmensanleihe eingehen würde und dient als allgemeine Information für die Kreditvergabe, damit verbundene Risiken reduziert werden können und Sicherheiten dem Käufer gegenüber geschaffen werden können.[20] Bei einer Anleihe kommt die Emission überwiegend in Verbindung mit einem externen Rating vor. Die damit beauftragten internationalen Agenturen schätzen das Unternehmen hinsichtlich seiner Fähigkeit künftiger Zahlungen von Tilgung und Zinsen ein und drücken die eingeschätzten Ausfallrisiken im Wege einer relativen Skalierung aus.[21]

---

[17] Vgl. Bormann, M. (2020)
[18] Vgl. BaFin (2011) S. 9-11
[19] Vgl. IHK Nord Westfalen (o. J.)
[20] Vgl. Schempf, T. (2021a) S.47-48
[21] Vgl. Guserl, R., Pernsteiner, H. (2015) S.307

Aufgabe C5

Damit die angedachte Investition ermöglicht werden kann, können verschiedene Formen der Unternehmensfinanzierung genutzt werden. Unterschieden wird dabei anhand der Herkunft des Kapitals und der Rechtsstellung des Kapitalgebers.[22] Die Herkunft des Kapitals lässt sich untergliedern in Innenfinanzierung und Außenfinanzierung. Man spricht von einer Innenfinanzierung, wenn das Kapital selbst erwirtschaftet wird und somit aus dem betrieblichen Umsatzprozess stammt. Eine Außenfinanzierung hingegen erfolgt dann, wenn das Kapital von außen durch externe Kapitalgeber zugeführt wird.[23] Die Rechtsstellung der Kapitalgeber kann in Eigenfinanzierung und Fremdfinanzierung untergliedert werden. Während bei der Eigenfinanzierung das Kapital unbefristet zur Verfügung steht und das Unternehmen bis zur Höhe der Einlagen haftet, steht das Kapital bei der Fremdfinanzierung normalerweise nur befristet zur Verfügung und kann nicht zur Haftung der Schuld herangezogen werden.[24] Sowohl die Eigen- als auch die Fremdfinanzierung können von innen oder von außen heraus erfolgen. Werden diese Finanzierungsformen miteinander kombiniert, entstehen vier Hauptgruppen. Diese werden in der folgenden Abbildung grafisch dargestellt und mit jeweils einem Beispiel verdeutlicht.

	Innenfinanzierung	Außenfinanzierung
Eigenfinanzierung	Selbstfinanzierung	Beteiligungsfinanzierung
Fremdfinanzierung	Rückstellungen	Kreditfinanzierung

Abbildung 1: Übersicht Finanzierungsarten
Quelle: Eigene Darstellung in Anlehnung an Becker H. P., Peppmeier, A. (2018) S.129

Neben den bereits genannten Formen der Finanzierung in der Aufgabe 3 und 4, werden nun im Laufe der Ausarbeitung die Finanzierungsformen des Schuldscheindarlehens sowie des Leasings beschrieben.

---

[22] Vgl. Weber, W., Kabst, R., Baum, M. (2018) S.287
[23] Vgl. Schempf, T. (2021a) S.11
[24] Vgl. Weber, W., Kabst, R., Baum, M. (2018) S.287

Bei einem Schuldscheindarlehen, häufig verkürzt auch Schuldschein genannt, handelt es sich um eine langfristige Fremdfinanzierung durch Gewähr eines mittel- oder langfristigen Darlehens. Beim Schuldschein handelt es sich nicht um ein Wertpapier, sondern lediglich um eine Beweisurkunde.[25] Diese Form der Finanzierung bietet sich für die Aktiengesellschaft im Rahmen dieser Ausarbeitung an, da das Schuldscheindarlehen einen überschaubaren Aufwand benötigt, es sich i. d. R. um einen deutschen Kreditvertrag handelt, mit einer überschaubaren Umsetzungsdauer, aktuell günstigen Konditionen und einer langen Laufzeit ausgestattet ist.[26] Eine bedingte Kapitalerhöhung und auch eine Kapitalerhöhung aus Gesellschaftsmitteln wären für die Aktiengesellschaft eher unpassend. Grund dafür ist, dass es bei diesen Finanzierungsformen meistens zu keinem Zufluss von liquiden Mitteln kommt.

Ein Schuldscheindarlehen wird i. d. R. für eine Laufzeit zwischen 4 und 15 Jahren ausgestellt. Der Zinssatz kann entweder fest oder variabel vereinbart werden. Im Regelfall liegt dieser ¼ bis ½ % über der Verzinsung einer vergleichbaren Unternehmensanleihe. Ein weiteres Merkmal der Unternehmensanleihe ist die Darlehensmindesthöhe von 50.000 €,[27] womit die Mindesthöhe beim Schuldscheindarlehen niedriger als bei einer Anleihe ist.[28] Die Tilgungsvereinbarung des Darlehens kann zum Ende der Laufzeit erfolgen oder vor Ablauf des Fälligkeitsdatums ganz oder teilweise zurückgezahlt werden. Der ausgestellte Schuldschein verpflichtet den Kreditnehmer zur gesamten Rückzahlung des Darlehens sowie zur vereinbarten Zinszahlung.[29] Zu Beweissicherungszwecken wird dem Kreditgeber ein Schuldscheindarlehensvertrag (auch „Schuldschein" genannt) ausgestellt und somit der Empfang des Darlehens bestätigt.[30]

Eine weitere Finanzierungsform ist das Leasing. Diese ist für die Aktiengesellschaft besonders lukrativ, da beim Leasing als Finanzierungsform viele steuerliche und bilanzielle Vorteile entstehen. Beim Leasing handelt es sich um einen „gesetzlich nicht

---

[25] Vgl. Gramlich, L., Gluchowski, P., Horsch, A., Schäfer, K., Waschbusch, G. (2020) S.1782
[26] Vgl. Dimler, N., Peter, J., Karcher, B. (2018) S.90
[27] Vgl. Schempf, T. (2021a) S.55
[28] Vgl. Gramlich, L., Gluchowski, P., Horsch, A., Schäfer, K., Waschbusch, G. (2020) S.1783
[29] Vgl. Dimler, N., Peter, J., Karcher, B. (2018) S.92-93
[30] Vgl. Grunow, H.-W., Zender, C. (2018) S.7

geregelten Vertrag über die Vermietung oder Verpachtung von beweglichen oder unbeweglichen Gütern durch Finanzierungsinstrumente (Leasinggesellschaften) oder durch die Herstellung von Gütern."[31] Durch die Vermietung oder Verpachtung von Gütern wird ein Verhältnis zwischen dem Käufer (Leasingnehmer) und der Leasinggesellschaft (Leasinggeber) erzeugt, in welchem Investitions- oder Gebrauchsgüter als Leasingobjekt überlassen werden. Der Leasingvertrag wird zwischen Leasingnehmer und Leasinggeber geschlossen und beinhaltet vertragsrelevante Konditionen wie z. B. die Laufzeit oder die monatliche Rate. Der Lieferant des Assets fungiert als Bindeglied und sorgt für die Bereitstellung des Leasingobjektes.[32] Die typische Vorgehensweise beim Leasing als Finanzierungsform wird in der folgenden Abbildung grafisch dargestellt.

Abbildung 2:   Vorgehensweise beim Leasing (Leasing-Dreieck)
                Quelle: Hoppe, C. (2021) S.311

Der Leasingvertrag verpflichtet den Leasingnehmer zur Zahlung der Raten, sowie die Leasinggesellschaft zur vertragsgemäßen Bereitstellung des Leasingobjektes. Der Leasingnehmer hat nach Ablauf der vereinbarten Leasingdauer die Möglichkeit das Eigentum über das Leasingobjekt zu erwerben, muss dies aber nicht zwingend tun.[33]

Unterscheidet man das Leasing nach der Dauer und dem Verpflichtungscharakter des Leasingvertrages, so kann man zwischen zwei Arten unterscheiden: (1) Operating-

---

[31] Gramlich, L., Gluchowski, P., Horsch, A., Schäfer, K., Waschbusch, G. (2020) S.1309
[32] Vgl. Hoppe, C. (2021) S.311-312
[33] Vgl. Hoppe, C. (2021) S.311-312

Leasing und (2) Finanzierungsleasing. Beim Operating-Leasing ist der Vertrag jederzeit (unter Beachtung der vereinbarten Kündigungsfrist) kündbar. Der Leasinggeber trägt hierbei das Risiko für sowohl eine technische Veralterung des Leasingobjekts als auch für sonstige negative Einflüsse. Die Instandhaltungspflichten, wie z. B. Wartung, Reparaturen oder Versicherungen, liegen ebenfalls beim Leasinggeber. Aufgrund der Dauer der Kündbarkeit des Leasingvertrags stellt die Finanzierungsform des Operating-Leasings keine Form der langfristigen Kreditfinanzierung dar.[34] Die gewöhnliche Grundmietzeit beim Finanzierungsleasing beträgt zwischen 40 % und 90 % der betrieblichen Nutzungsdauer (= meist Abschreibungszeitraum) und stellt somit eine Form der langfristigen Kreditfinanzierung dar.[35] Anders wie beim Operating-Leasing trägt beim Finanzierungsleasing der Leasingnehmer die volle Verantwortung für das Leasingobjekt. Der Leasingvertrag kann von keiner der beiden Seiten gekündigt werden.[36]

Sowohl das Schuldscheindarlehen als auch das Leasing bietet sich als eine alternative Finanzierungsform für die Aktiengesellschaft an. Die schlussendliche Entscheidung über die Wahl der Finanzierungsform muss situativ beurteilt werden und kann nicht pauschal beantwortet werden. Die erläuterten Finanzierungsformen bieten demnach lediglich zwei Möglichkeiten, welche für die angedachte Investition in Frage kommen könnten.

---

[34] Vgl. Schempf, T. (2021a) S.57-58
[35] Vgl. Gramlich, L., Gluchowski, P., Horsch, A., Schäfer, K., Waschbusch, G. (2020) S.1310
[36] Vgl. Weber, W., Kabst, R., Baum, M. (2018) S.293

Literaturverzeichnis

AktG (2021) „Aktiengesetz", https://www.gesetze-im-internet.de/aktg/index.html

BaFin (2011) „Der Wertpapierprospekt – Türöffner zum deutschen und europäischen Kapitalmarkt", Hrsg: Bundesanstalt für Finanzdienstleistungsaufsicht, Bonn und Frankfurt am Main, https://www.deutsche-boerse-cash-market.com/resource/blob/34214/7db04e643bdcc9ef3812c066357fb6d4/data/Wertpapierprospekt.pdf

Becker, H. P., Peppmeier, A. (2018) „Investition und Finanzierung. Grundlagen der betrieblichen Finanzwirtschaft", 8. Auflage, Wiesbaden

Bösch, M. (2019) „Finanzwirtschft: Investition, Finanzierung, Finanzmärkte und Steuerung", 3. Auflage, München

Bormann, M. (2020) „Anleihen als Alternative", bdp Berlin, https://www.bdp-team.de/unternehmensfinanzierung/klassisches-finanzierungsinstrument-anleihen-als-alternative

Dimler, N., Peter, J., Karcher, B. (2018) „Unternehmensfinanzierung im Mittelstand", 1. Auflage, Wiesbaden

Gramlich, L., Gluchowski, P., Horsch, A., Schäfer, K., Waschbusch, G. (2020) „Gabler Banklexikon (K-Z) Bank – Börse – Finanzierung", 15. Auflage, Wiesbaden

Grunow, H.-W., Zender, C. (2018) „Finanzinstrument „Schuldschein" Attraktiver Baustein der Unternehmensfinanzierung", 1. Auflage, Wiesbaden

Guserl, R., Pernsteiner, H. (2015) „Finanzmanagement", 2. Auflage, Wiesbaden

Hölscher, R., Helms, N. (2018) „Investition und Finanzierung", 2. Auflage, Berlin/Bosten

Hoppe, C. (2021) „Praxishandbuch Finanzierung von Innovationen", 1. Auflage, Wiesbaden

IHK Nord Westfalen (o. J.) „Unternehmensanleihe", https://www.ihk-nordwestfalen.de/finanzierung/finanzierungsformen/unternehmensanleihen-3587084

Mondello, E. (2017) „Finance", 1. Auflage, Wiesbaden

Schempf, T. (2021a) „Finanzwirtschft - Finanzierung", 12. Auflage, Studienbrief SRH Fernhochschule, Riedlingen

Schempf, T. (2021b) „Finanzwirtschft - Investition", 14. Auflage, Studienbrief SRH Fernhochschule, Riedlingen

Schuster, T., Rüdt von Cellenberg, L. (2017) „Investitionsrechnung: Kapitalwert, Zinsfluß, Annuität, Amorisation", 1. Auflage, Berlin, Heidelberg

Schuster, T., Uskova, M. (2015) „Finanzierung: Anleihen, Aktien, Optionen", 1. Auflage, Berlin, Heidelberg

Stein, P. (2016) „Die Aktiengesellschaft – Gründung, Organisation und Finanzverfassung", 1. Auflage, Wiesbaden

Weber, W., Kabst, R., Baum, M. (2018) „Einführung in die Betriebswirtschaftslehre", 10. Auflage, Wiesbaden, Heidelberg